사진_ 박대엽

별을 의심하다

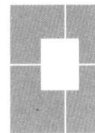

애지시선 036
별을 의심하다

2011년 4월 29일 초판 1쇄 발행
2011년 10월 17일 초판 3쇄 발행

지은이 오인태
펴낸이 윤영진
편 집 함순례
디자인 함광일 이경훈
홍 보 한천규
펴낸곳 도서출판 애지
등록 제 2005-5호
주소 300-170 대전광역시 동구 삼성동 125-2 4층
전화 042 637 9942
팩스 042 635 9941
전자우편 ejiweb@hanmail.net

ⓒ오인태 2011
ISBN 978-89-92219-30-3 03810

* 저자와의 협의에 의해 인지를 생략합니다
* 이 책 내용의 전부 또는 일부를 재사용하려면 저자와 애지 양측의
  동의를 받아야 합니다

별을 의심하다

오인태 시집

□ **시인의 말**

다시,
시에라도 미치지 않으면 이 미친 시대를 어찌 살아내랴.

2011. 가는 봄날, 남강기슭에서
오인태

차례

시인의 말　005

제1부

정경　013
춘래불사춘　014
봄꽃　015
봄날의 시　016
동백, 입적하시다　018
측백나무 문체　020
오체투지의 시　021
미행, 당하다　022
풍화　024
나도 녹는다　026
중심의 색깔　027
나무의 결단　028
가을의 시　029
고래구멍　030

입동 무렵 032
별을 의심하다 033
달력을 걸며 034

제2부

반응 037
폐사지에서 038
몸 040
그 집 041
적멸 042
'그' 자를 보면 드는 생각 043
땡긴다는 말 044
도둑 045
꽃인들 046
낮달 047
별 048
집 049
그네를 타는 시간 050

내력 052

잠자리의 눈 053

동병상련 054

그림자 056

제3부

고들빼기김치 같은 시 059

비주류의 시 060

살모사詩 061

사마귀에게 듣다 062

밑천 064

건방진 시론 065

새떼 066

언어탐구 067

호미질 068

독수공방 070

아서라, 포경 071

편지 072

이팝나무, 꽃 같은 074
멸치 075
고등어의 시어 076
행간 077
품사론 078

제4부

꽃무릇 081
위대한 시집 082
한여름의 눈송이 083
찡한 눈짓 084
대관령 086
삼양라면 짓는 촛불예수 087
당숙모 088
눈, 목격자의 090
대줏밥을 추억함 092
만해, 만해마을 떠나시다 094
명동성당 귀뚜라미 096

방명록	098
포옹	100
이음동의어	101
남해讚	102
적	104
난세의 눈	105
발문 ǀ 복효근	107

제1부

정경

산 개미가 죽은 풀무치를 끙끙, 끌고 가는 것인데,
실은, 죽은 풀무치가 산 개미의 삶을 영차! 영차! 싣고 가는 것인데

춘래불사춘春來不似春

꽃 핀 자리를 보는 것이 아니라
꽃 피지 않은 자리를 본다

끝내 내게 오지 못한 꽃

봄이면, 이렇게 실눈을 하고서
자꾸만 먼 데를 바라보는 까닭이다

봄꽃

독기 서린 봄꽃은 없더군요
그 속에 제 열매를 품고 있기 때문이겠지요

어머니

거기도 순한 꽃들
젖내 다디단 봄이겠지요

봄날의 시

몸 달지 않고서야
어찌 시를 쓰랴

이 봄날

건달처럼 건들거리며
닥치는 대로 집적대며
낯가리지 않고 옷고름을 맡기며
낭창낭창 허리를 흔들며

바야흐로 한데 엎어지며
간드러지며

더운 입김을 포개고 있는
저 속물 오른 것들의
또한, 붉게 달아오른
몸의 비릿한 단내

유독 태연자약할 재간 있거든
시 쓰지 마라

동백, 입적하시다

어쩌다 때맞춰 오동도
동백꽃을 보러 갔겠다

줄지어 오는 사람만큼
뚝 뚝 뚝,

지는 꽃도 많더라
그때,

그때마다 가슴 철렁하여
꽃 지는 자리 눈길 가서 멎는데,

붉은 몸을 받고 있는
저 연잎 같은 풀들이 털머위라네

그 푸른 잎잎 동, 백,
꽃 다시 피어나

아, 이 편안하고 환한 미소 앞에
나는

측백나무 문체

 삼학년 정도 키였을까 초등학교 화단엔 측백나무가 앞으로나란히자세로, 혹은 도서실 서가에 꽂힌 책들처럼 가지런히 줄 서있었던 것인데,

 나무들은 마치 커다란 축음기, 혹은 낡은 엘피레코드판 같은 교실에서 흘러나오는 문장들을 갈피갈피 새기고 있는가, 싶기도 했던 것인데,

 사철 푸른 측백나무를 부채처럼 흔들면 켜켜이 녹음된 아이들의 노래며 동화가 마른 꽃잎처럼 화르르 화르르 쏟아질 것 같기도 했던 것인데,

 이십 년쯤 지나서 찾아간 학교, 말끔히 정돈된 잔디밭엔 낯선 종려나무만 몇 그루 수행자처럼 서서 제 그림자를 우두커니 내려다보고 있었던 것인데,

 별안간 가슴의 갈피들이 일제히 열리며 푸른 새떼들이 푸드득 푸드득 날아오르는가, 싶기도 했던 것인데

오체투지의 시

이 봄날에는, 시인이여
눈깔에 힘 빼고, 위로만 두리번거리지 말고
저 여리고 낮은 것들과 엎어져
데굴데굴 구르다가
팔다리 다 닳아 어디 운 좋게 쇠똥,
말똥에라도 처박히거든
잠시 눈을 말똥거리다가 거기,
오체투지로 시를 쓰시는
말똥구리 한 분 만날 수 있다면
그 눈부신 몸빛에 눈마저
멀어 마침내 환한 길 하나 열리거든

미행, 당하다

누군가의 손 놓친
까만 비닐봉지
달랑, 길 가는데

실 떨어진 연처럼
사뿐, 공중제비를 넘어보다가
곤두박질치다가

웬 굴러온 호박덩이인지
엉덩이인지 찰싹 붙어
코를 벌름거리다가

썅, 구둣발에 채였다가
속없이 까르르 자지러지다가

쭈글쭈글 주저앉아
바람 빠진 기침을 쿨럭이다가

한나절
누군가에게 버려진 비닐봉지이다가

풍화

 한때, 여기서 삼엽충이 동그랗게 몸을 움츠린 채 어리둥절한 촉각을 두리번거리기도 했을 것이며,

 코엘루로사우르가 작은 파충류 한 마리를 물고 교활한 눈빛을 반짝이며 휙, 지나가기도 했을 것이며,

 속씨식물 여문 열매 하나 무심코 툭, 떨어져 바람에 야금야금 먹히기도 했을 것이며

 서산대사가 굽은 지팡이를 내려놓고 잠시 서쪽 하늘을 바라보기도 했을 것이며,

 피가 찔끔, 찔끔거리는 언 발을 끌며 도대체 종잡을 수 없는 향방을 놓고 웅성거리던 사람들이 있었을 것이며,

 또 나는 지금 이 지리산 외진 골짝 너럭바위에 드러누워 수만리, 수십만 리, 그 이전의 것들을 떠올려보는 것인데

그 누구의 거대한 입 안에서 알사탕처럼 함께 흐물흐물 녹아가고 있는 것인데

나도 녹는다

가령,
엄마의 손을 잡고 길을 가는
아이의 손에 들린 사탕이나
아이스크림이 녹아
어린 닭똥처럼 뚝뚝
떨어지는 그것을 볼 때

순간,
아이의 눈에 핑그르르
고이는 그것을 볼 때
아이의 손에 달랑
남은 나무, 혹은
플라스틱 막대 같은

내가,
그런 나를 물끄러미 바라볼 때

중심의 색깔

꽃을 볼 것이 아니라
꽃을 떠받치는 꽃기둥,
마침내 꽃의 심지를 보시라
그 차고 푸른,

모든 불꽃의 중심도 그러하다는

나무의 결단

여기까지다

더 이상 가눌 수 없어
마침내 발밑에 모든 잎들을 떨궈놓고
가을날이 얼마나 뒤숭숭했으랴

날려갔든지
물어갔든지
부서졌든지

젖 떼인 아이같이 칭얼대던 잎들이
눈앞에 보이지 않을 무렵

제 몸에 회초리 자국을
죽죽 긋는

가을의 시

　막 눈뜨고, 처음엔 황홀한 햇살과 쏟아지는 시선에 어쩔 줄 몰라 했으나
　그 분의 뜻을 알고부터, 나는 다만

　그 분의 옷,
　그 분의 옷에 묻은 실밥 같은,

　그 분이 한 뜻을 이루실 때쯤 내 몸이 아닌 내 몸은 보풀처럼 너덜해지고
　그 분의 발등이라도 한 오라기 덮어드릴 수 있다면, 나는 다만

　그 무엇이라 한들,
　그 무엇도 아니라 한들

고래구멍

아궁이의 불길이 넘어가는 목을
고래구멍이라고 했다

물먹는 고래처럼, 나무든
짚이든 몰래 태우던 연애편지든
닥치는 대로 꿀꺽꿀꺽 집어삼키다가도
한 번씩 숨이 막혀 검은 연기를
캑캑 토해내기도 했던 그 고래
구멍을 한사코 틀어막아 매운 눈물 줄줄
흘리게 하던 그것은 무엇이었을까
이십 년

혹은,
더 넘게 세월이 흐른 지금

내 목구멍을 울컥울컥 메이게 하며
자꾸만 명치끝을 쓸어내리게 하는

이것은 또 대체 무엇이란 말이냐
대개의 여자들은 화끈하게 탄 연기처럼
술술 미련 없이 사라져갔다 거기,
오래전에 두툼한 한 묶음의 종잇장
또한, 하얗게 태워 삼킨 줄 알았는데
아, 컴컴한 내 목

구멍에 고래 한 마리,
숨어 사는 거야?

입동 무렵

나무들은 잎을 마저 떨어내지 못했네
김장용 무, 배추는 장사치의 트럭
더러는 어둔 창고에 갇혀
아직 매운 양념 만나지 못하고
죽은,
몸값 올리고 있겠네
화왕산, 덜 마른 억새 줄기에 매달려
초조한 두 눈
두리번거리던
늙은 사마귀는 집에 들었을까
몰라

나는,
겨울문예지들의 원고를 채 퇴고도 못한 채,

별을 의심하다

그땐, 별이 보이지 않는 밤에도
나는 안심했다 어둠 속에서 반짝
반짝일 별의 존재를 의심하지 않았으므로

오늘밤, 그러나 깜빡
깜빡이는 저 무수한 별들이
나는 불안하다

별들도 지쳐 스러져가고 있든지
나도 그만 저 별에 돌아가 눕고 싶든지

달력을 걸며

또, 깎아 곶감 한 줄 달다

제2부

반응

화장지에 만년필로 시를 쓰던 때가 있었다

뾰족한 펜촉을 타고 흐르는
채 다듬어지지 않은 날선 말들을
말이 되기 전에 삽시간에
제 몸 속에서 지워버리던
그, 가장 부드러운 것의

무서운

폐사지에서

 봄날의 노는 어느 토요일, 작업실에 처박혀 이따금 책상 위를 꼬물꼬물 기어 다니는 개미들과 놀며, 먼지처럼 작은 그 놈들을 손톱으로 짓이기기도 하고 입으로 훅 불어 날려보기도 하고 있는데

 한 동네 사는 유홍준 시인에게서 전화가 왔다 옥룡사지에 동백꽃을 보러 가자는 것이었으니 더불어 한나절 꽃구경도 좋겠다 거기

 폐사지는 막 수술 받은 환자처럼 가슴을 드러내고 있었다 아직 혈흔이 생생한 맨살엔 실밥처럼 허연 풀뿌리가 너덜거리고, 사진 속의 출토된 기왓장과 그릇 몇 기가 묻힌 시간을 설명하고 있었지만

 눈길은 자꾸만 파헤쳐진 시간을 에워싼 숲을 향했다 누구를 빤히 노려보는 것인가 저 어둠 속 등불처럼 퀭한 눈동자들, 서늘해지는 가슴을 쓸어내리는데, 웬 한 움큼의

개미들이 쏟아진다 그 붉은

  개미들이 기어이 내 몸을 분해하고 있다 폐사지,
  이 봄날에 아득히 직박구리가 울기도 하는 것인데,

몸

마흔하고도 다섯 해를
깃들여 살면서
벽이 갈라졌는지
쥐새끼가 기둥뿌리를 갉아먹는지
서까래에 좀이 슬었는지
지붕에 비가 새는지
모른 척 지내다가
이제야 넌지시 손내밀어보니
아, 내 집이
그 많던 말조차 잃었다

그 집

 집, 한 채를 지으면 거기 사람만 사는 것이 아니었네 일찍이 아버지가 지으신 그

 집, 굽은 서까래의 등을 타고 다니던 지네 혹은, 노래기나 무당벌레들 더러는 눈에조차 보이지 않던 좀, 좀스런 것들이 기둥을 파먹기도 하고 때로는 제비나 굴뚝새, 또는 굼벵이가 처마 밑에 깃들기도 하던 것이었는데, 아버지는 한 번도 집 안에 드는 것들을 내쫓은 적 없었네 햇볕이 스며들어 비를 말리기도 하고 바람이 문고리를 잡거나 들창문을 조용히 흔들어보기도 하던 그

 집, 아버지도 가시고 살아 있는 것이라곤 조화 같은 꽃 식물 몇, 근심스레 들여다보고 있는 이 독수공방에서 아, 스멀스멀 그리운 그

 집, 성가셨던 빈대와 독기가 선명하던 거미와 때로는 음흉하게 담장을 타고 넘던 뱀들의 눈빛과

적멸

빈 집, 굽은

감나무에 가만 등을 기댄 채 무너져 앉은

돌담에 슬쩍 어깨를 맡긴

지게에 비스듬히 이마를 얹은

지게작대기 위에 흰 날개를 내려놓은

나비의 단잠,

혹은

'그'자를 보면 드는 생각

 전주이씨 기세등등한 집성촌에서 유일한 함양오가 아버지 나뭇짐에 꽂혀 있던, 벙어리 동네머슴 한태아재 꼴짐에도 꽂혀 있던,

 남녀노소 불문하고, 수 개 마을 사람 모조리 빨갱이다 지목하여 검은 골짜기로 몰아넣었던 박 면장의 무덤 정수리에 시퍼렇게 꽂혀있던

 조선낫, 그

 날선 말들을 수없이 세상 복판에 꽂아댄, 시인이라는 네
 이놈 등짝이 서늘해지는

 아, 그

땡긴다는 말

시집 제목을 고민하다가
후배시인한테 서너 편 건네주며
표제시로 어떤 게 좋으냐고 물었다

여자후배
그 가운데 '고래구멍'이 젤 땡긴단다

땡긴다?
하필 고래도 구멍도 아닌
땡김이라는 말이 이상도 해라
참 야릇하게 들리는 것이었다

일순,
몸이 달아오르며
입에 바짝 침이 고이며

은근슬쩍 또 살고 싶어지게도 하는

도둑

어디서 묻어 온 것이냐
도둑가시* 하나

한사코 내 바지자락을 붙들고
"넌 도둑놈이야!"

바락바락
악을 써대는데

아뿔싸,
내 손에 들꽃 한 줌 들려있다

* '도깨비바늘'의 방언

꽃인들

 출판기념회에 선배시인이 들고 온 화분이 작업실 베란다에서 딱, 한 떨기 꽃을 피워 반갑더니 사나흘 지난 아침, 뚝, 떨어져 있었다 바람을 의심하며 창문을 살폈으나 타살의 단서를 찾을 수 없었다

 아차, 왜 그걸 몰랐을까

낮달

그 큰 하늘을 등에 지고 날렵하게 산을 내려오시던
아버지,
푸른 나뭇짐 정수리에 꽂혀 씨익~ 웃고 있던

아직도 알 듯 말 듯한, 그

별

그런데,

내가 바꿔 신은 신발, 밟아, 버린 그 많은 내 발자국들은 다 어디로 갔을까

집

손에 든 꽃이 무색해라

일 마치고 돌아오는
사람을 맞는

저기
꽃보다 환한

불빛

그네를 타는 시간

몸을 앞으로 밀자
저쪽에서 아이가
미끄럼틀 계단을 오르고 있다

스르르 힘을 놓아버리자
이쪽에서 노인이
아이를 기다리고 있다

아이도 늙은이도 아닌
내 사십대가
어느 날 그네에 앉아

이쪽저쪽
시간을 기웃거리다보면
한순간,

놀이터에는

아이도 노인도
나도 없는, 그런

내력

선뜻 엎드린 등을 내어주곤 하던 누님 같은

잎들, 물의 신경이 팽팽하다
두리번두리번 입질하던 물잠자리
한순간 튕겨져 날며

수면 위로 기어이 밀어 올린
수련, 꽃 피운

한 집안의 내력

잠자리의 눈

그때,

하동 평사리 용이네 집이던가 섬돌에 우두커니 앉아,
바지랑대에 앉은 잠자리 눈과 딱 마주쳤는데,

적이 쳐다보다
눈물이 핑그르르 돌았다

이렇게 누군가와 마주앉아 오래 눈을 맞춘 적이 없는
것이었다

동병상련

꽃 지는 날보다
꽃 피는 날이 더 쓸쓸했던 날이 있었다

눈 뜬 어둠, 사방에서
꽃들이 소리 없이 펑펑 터질 때
나도 쓸쓸해서 숨죽여 울던 날이 있었다
꽃들이 너무 쓸쓸해서 피는 것이라 생각했다

꽃 피는 날보다
꽃 지는 날이 더 쓸쓸했던 날이 있었다

세상의 모든 시선이 일제히 돌아서고
꽃들이 아직 붉은 제 몸을 서둘러 지울 때
나도 쓸쓸해서 무릎에 고개를 묻은 날이 있었다
꽃들이 너무 쓸쓸해서 스스로 목, 숨을 거두는 것이라
생각했다

꽃이 피어도 쓸쓸하고
꽃이 져도 쓸쓸했던 날이 있었다

그림자

 혼자 술 마시는 모습이 딱했는지 여자주인이 귤 몇 개 놓고 간다 샛노란, 귤의 그림자도 이리 검은 것이라니, 한참을 바라보다 그만, 일어서 나오는데

 따라왔다

제3부

고들빼기김치 같은 시

한 번쯤, 생의 쓴맛을 다디달게 버무려 내거나
단맛에 현혹되지 않도록 쓰디쓴 날들을 더러는, 되씹어
보거나

아직,
내 시는 너무 달거나, 쓰거나

비주류의 시

 완강한 주류에 밀려 가장자리쯤에서 유유히 흐르는 물줄기가 물가의 풀들을 키우고 작은 물고기들을 품어 기르는 법이니, 죽을 때까지 내가 비주류 시인인들 불만 없다

 퉤!

살모사詩

어머니를 땅에 묻고 천 일 동안 시 천 편을 썼다
어머니의 몸이 가시만 남은 생선처럼 해체될 무렵

내 몸에도 시 한 점, 한 방울 남지 않았다

이후, 천 편의 시를 하루에 한 편씩 사르며
천 일 동안 단 한 편의 시도 쓰지 않았다

내가 유일하게 시인인 때였다

사마귀에게 듣다

'사' '마' '귀'
저주받은 이름인줄 안다만,

어차피 우리의 생사도
희열과 고통은 반반이지
누구라도 한순간 쾌감과
목숨을 바꿀 용의가 있으면
언제든지 내게 와도 좋아
지금도 난 죽을힘을 다해
내 몸에 정액을 쏟고 있는
사랑스런 수컷을 머리부터
야금야금 먹어치우고 있는 중이지

짜릿하냐고?

하필,

이럴 때 세상의 수컷들이란
하나같이 암컷의 반응을 궁금해
하지만, 내 몸을 비집고 들어온
내 종족, 또 한 아비의 결연한 힘이
<u>스르르</u>
풀려나갈 때쯤이면
하늘이 온통 붉게
무너지기도 한다는 것,

알까
몰라

밑천

 내 시의 밑천은 4할이 경험이고 3할이 사유고 2할이 독서다 그러나 비로소 나를 시 쓰게 하는, 나머지 1할은?

 할!

건방진 시론

채 다스려지지 않은 내 안의 말들이 나도 모르게 뛰쳐나와 마치 시인 양 어깨를 세우고 건방을 떤다면, 그런 시는 찢어 죽여 마땅하다 죽여 가슴에 묻은 시보다 세상에 살려 보낸 시가 많다면,

나는 시인이 아니다

새떼

한 마리

언어탐구

큰애가 고3때 언어탐구 과목이 달려 논술학원을 찾아갔더란다. 원장이 학부모 신상을 확인하다가 고개를 갸웃거리며 돌려보내더란다. 결국 애는 수능 '언탐'에서 낮은 점수를 받고 지방대학 이공계열을 선택했더란다.

대학에 입학하고서야 이 일을 고백하며
눈물 글썽이는 애 앞에서 애비는 가슴을 쳤는데

제 자식도 모르는 주제에 무슨 시를 쓰냐며,
언어 탐구가 곧 인간 탐구라는 걸 모르는
애비 또한 언어에 젬병이기는 마찬가지라며

몇 해째 떠돌던 바람난 짐을 싸서 자식들이 있는 집으로 들어갔더란다

호미질

어린 날, 어머니와 고구마나 감자를 거두는 날이면
내가 캐는 것들은 하나같이 생살이 찍히거나
몸통이 잘려 허연 피를 쏟아냈는데

희한하게도 어머니의 호미 끝에
이끌려 나온 고구마와 감자들은
껍질 하나 다치지 않고 멀쩡했다

가만 보니 어머니는 호미 날을 수직으로
세우는 법 없이 멀찌감치 팔을 뻗어
마치 밭두둑을 싸안듯이 끌어당기는 것이었다

그때, 그 어머니의 나이를
훌쩍 넘긴 이 나이에도
내 호미질은 서툴기만 한데

이런 내가 애 둘을 낳아 키우고

뻔뻔한 선생질을 하고 있다니
누군가의 호미질에 정수리를 내리찍힐 일 아닌가?

독수공방

 홀로, 우두커니 지키는 방이거나 우주란, 한 마리 독수리이거나 결국 생은, 이 적요의

 날카로운 발톱으로 날아오르거나, 사라지거나

아서라, 포경

누구나 꿈꾼다지 그러나
나는 결코 고래를 잡지 않았네
아무 문제 없는 내 고래는
오늘도 날쌘 유선형 몸매로
인도양이든지, 대서양이든지, 태평양이든지
그 깊고, 푸른 바다를 힘차게 가르다가
삼켰다가
뿜었다가

잘 놀고 계신다지
푸훗!

편지

원로시인 한 분이
봉투까지 붓으로 또박또박 써
보내신 편지를 두 번이나 받고도
답신을 못해드렸다
일백여 자에 이르는 글자가
하나같이 정연하다
붓을 들 순 있지만
흐트러진 마음 들킬까 두렵고
컴퓨터로 쓰자니
결례가 될 것 같았다
이러지도 저러지도 못하고
속만 끓이다가
잘 표구해서
책상 앞에 걸어두었다
오래 고아로 사는 방
어른 한 분 들어앉으신 듯
조심스럽고도

참 편안하다

이팝나무, 꽃 같은

뉘이신가 이맘때쯤, 어디서 영문도 모르게 죽어 제삿밥 한 그릇도 못 얻어 드실, 이 땅 귀신 제위께 모락모락 하얀 이밥을 지어 바치시는, 저 극진한

시, 딱 한 편만 써서 태워 올리고 죽었으면

멸치

 제 한 몸 뼛속까지 우려 세상을 그윽하게 하는 멸사봉공, 그 극치

고등어의 시어

생의 마지막 순간,
제 몸의 기름으로 제 몸을 태우며

너는, 언제
네 몸의 피 한 방울이라도 짜내 시를 쓴 적 있느냐고

타닥타닥타닥……,

온몸으로 자판을 두드리는
단 한 편의, 이 준열한

행간

나뭇가지를 보는 것이 아니라
그, 조각조각 부서진 하늘을 본다

거기,
나무의 푸른 슬픔이 있으므로

품사론

봄―동사마다 살아나는구나!

여름―형용사마저 벗는구나!

가을―명사도 지는구나!

겨울―조사든 뭐든 죽는구나!

제4부

꽃무릇

털썩, 주저앉아버리고 만
이 무렵

그래선 안 된다고
그러면 안 된다고

안간힘으로 제 몸 활활 태워
세상, 끝내 살게 하는

무릇, 꽃은 이래야한다는
무릇, 시는 이래야한다는

위대한 시집

제 몸을 올올이 풀어 쓴
단 한 채,
제 시의 집 안에서 비로소 영면하신

누에만 한 시인 있으면 나와 봐라
누에고치만 한 시집 있으면 내놔 봐라

한여름의 눈송이

나는 오늘 저 차벽을 넘어 청와대로 갈 것이다*

한 줌 한 줌 모아 쌓은
국민토성을 딛고

저 막무가내의 맹박산성 안으로
순순히 몸을 날리시는

한여름의 눈, 흰
한 송이

소통―누군가의 가슴으로 뜨겁게 녹아 스며드는 것

* 촛불시위 때 '소금사탕'이라는 다음아고라 닉네임을 가진 한 목사가 시민들로부터 '맹박산성'이라 이름 붙여진 경찰차량벽 너머로 뛰어내리기 전에 외친 말에서 따옴.

찡한 눈짓

그녀가 보내온 것은 돈이 아니라
눈물이었다

조국은
지금 날마다 촛불이 켜지고

촛불은
물대포 세례에 날마다 눈물을 흘리고

촛불은,
머나먼 이국에서도 타오르고 있었다

그리하여, 토론토아줌마
그녀가 캐나다에서 보낸 미화 10,000달러는
또 하나의 촛불이었다

그 촛불이

밤마다 흘리는 눈물이었다

눈물은 물보다 진하다는
눈물은 물보다 강하다는
그래서 우리가 이긴다는

촛불이 촛불에게
그렁그렁한 눈으로

찡긋, 하는
바로 그 눈짓

대관령

　기어이 돌아온 건지 끝내 돌아가지 못한 건지 이 꽃 피는 춘삼월, 웬 성성한 눈발 속에 흰 엎드린 고래 한 마리

삼양라면 짓는 촛불예수

부글부글 속 끓이는 쥐, 머리는 아웃!

라면은 역시 삼양라면
대관령 청정한우로 지은
대한민국 국민라면
야비한 권력에 핍박받던

자, 다인아빠* 삼양라면 나가신다

수백 수천의 쓰린 속을 어루만지시는
저 모락모락 더운 시

체온 없는, 김빠진 시들도 다 아웃!

 * 촛불집회에서 하루도 빠짐없이 참가자들에게 (삼양)라면과
 커피 등을 제공하던 '다인아빠' 아이디를 가진 아고리언

당숙모

 그러니까 당숙이면 종조부의 피붙이라는 얘긴데, 내가 어렸을 때도 종조부를 본 일이 없거니와, 이미 일가를 이룬 당숙이 따로 종조부의 제사를 모시는 일 또한 본 일이 없다

 얼핏 듣기로 소싯적부터 함양오가 수오당공파 이십오대 종손인 아버지 집에 들어와 친형제처럼 지내다가 장가 들고 분가했다는데,

 나하고 열여섯 살 터울인 큰누나보다 예닐곱 살쯤 위인 당숙은 제사 때면 늘 밤 치고, 상 나르는 일만 하다가 음복 술에 취하기라도 하면 온 동네가 시끄럽도록 형수인 어머니에게 행패를 부리고, 결국은 아버지에게 귀싸대기를 얻어맞고는 한쪽 구석에 찌부러져 곯아떨어지기 일쑤였다

 어머니가 환갑 나이가 못 되어 돌아가시고, 마치 제 어미가 죽은 듯 목을 놓던 사람이 바로 당숙이었는데,

정작 어린 내 눈길이 꽂힌 곳은 늘 이런 사태에 어쩔 줄 몰라 하며 몸만 부들부들 떨고 있는 당숙모였다

담장 밑 장독대, 누군가 던진 돌멩이에 주저앉은 장독을 안고 하얗게 질려있는 수국 같은

아, 입에만 올려도 눈물이 핑 도는 당숙모

눈, 목격자의
— 생매장되는 축생들을 애도하며

바람은 남의 몸을 빌려 울지
아니, 울고 싶은 누군가의 몸에 들어가
함께 울어주는 것이지

눈, 뜬 채 묻힌,
수백만, 저 착한 축생의 붉은

눈, 천지 가득
차디찬 살의, 뜨거운 죽음의 행렬

눈, 뜨고 차마 볼 수 없는
살, 광경을 목격한 바람의

눈, 죽고 사는 일처럼
하얀, 붉은

눈, 훌쩍 훌쩍

내리는데, 가만 쌓이는데

때로는 바람의 몸을 빌려 울고 싶은 날이 있지
아니, 바람의 몸에 들어가
구만리장천 휘돌며 펑펑 울고 싶은 날이 있지

대춧밥을 추억함

장리쌀을 내서라도 한 집안의 자존심과
대주의 권위를 지키던 때가 있었다

온통 검은 보리쌀 가운데 묻어놓은
단 한 줌의 쌀,
들끓는 솥에서 행여 흩어질세라
고스란히 퍼 담은
대춧밥, 그 희디흰 한 그릇의
결집과 자존심,
어느 누구도 그걸 불평등이라 말한 적 없었다
짐짓 포만하신 듯
아버지는 두어 번 헛기침과 함께
반도 더 남은 밥그릇을 슬쩍 밀어놓으시는 것이었다

생각해보면,
대춧밥은 아버지의 독차지가 아니라
우리 자식들의 몫이었던 셈인데,

다시, 공평하게 나누어지던
그 한 두어 숟갈씩의 다디단
은혜와 권위,
누가 그런 아버지의 심장에 칼을 꽂을 것이며
또한 자식을 비정하게 생매장할 것인가
대줏밥, 그 한 줌의 쌀에 대한 기억마저 기어이 잊어
버린, 지금

이 땅의 아버지들은 몰래 비정의 칼날을 갈고
자식들은 뿔뿔이 햄버거나 마른 빵조각을 씹으며

만해, 만해마을 떠나시다

― 단기4341년, 건국60주년을 선포하는 플래카드가 온 나라를 뒤덮었다 단풍나무 숲, 한 그루 보이지 않는 팔월의 천리 길, 끝에 당도한 만해축전, 이미 친일신문과 친일문학단체가 접수해버린, 그

밤에
나는, 보았네

대한민국 역사에서 지워져버린 1919년의, 만해가
일갈을 꾹 다문 채,
거처 만해마을을 나서시는 것을
청동 두루마기를 걸치고 청동 고무신을 신은 채 사라지는

만해의, 그 무겁고 쓸쓸한 그림자마저 하얗게
지우며

영문 모를 축포
펑! 펑!

까르르, 까르르……, 터져
잠자던 숲들과 길이 놀라 소스라치는 가운데,

— 시상식의, 만해문학대상 수상자 고은 시인은 자꾸만
깜빡깜빡 졸고 계셨다

명동성당 귀뚜라미

추기경과 주교에게 보낸
면담요청서한은 끝내 응답이 없고

불, 같은 여름
꽃, 서늘하게 시드는 명동성당
교구청 입구 차가운 시멘트 바닥에
일흔 넘긴, 독실한 몸 이끌고 와
촛불 하나 켠 채

며칠 째 곡기를 끊으신
그 분,

굳게 잠긴 쇠창살문 귀퉁이에
웅크리고 앉아, 엎드려
누군가에게 부르짖듯 말씀하시기를

"교회는 추기경님 것도, 주교님 것도, 사제님들 것도 아니야. 우리 신도의 것이고, 하나님의 것인데 왜 문을 잠그는 거야?"

   이 소통부재의 시대를
   찌르르……, 찌르르……,
   온몸으로 두드리시는데,

   "추기경님은 지금 부재중!"

방명록芳名錄

해직되고 마지막 출석부를 부르던 그날처럼,

얼룩새코미꾸리야
흰수마자야
꼬치동자개야
흰꼬리수리야
참수리야
검독수리야
노랑부리저어새야
넓적부리도요야
황새야
두루미야
수달아

그리고
그리고
그리고

갑돌아

갑순아

아, 기어코 또다시 또박또박 불러보는 꽃다운 이름들아

포옹

그,

등을 서로 어루만져주는 일

이음동의어

사랑할 때만 사람이다
사랑할 때만 살아있다

그러므로 사랑을 다 떠나보내고
숭숭 뚫린 분화구에 더 이상 재생되지 않는
재만 허옇게 남은 삶은 이미 삶이 아니다
마그마 같은 사랑이 없는
삶은 단지 구차한 연명일 뿐,

그렇다
시를 쓸 때만 시인이다
사랑할 줄 아는 사람만 시를 쓴다

그리하여 나는 오늘도 사랑을 하고
그리하여 나는 오늘도 시를 쓰며

남해讚
― 서산대사, 또는 이생진풍으로

무명의 시인이 남해를 찬讚하건대,
서산대사의 명산평을 흉내 내서

동해는 바다는 있으나 사람이 없고
서해는 사람은 있으나 바다가 없고
남해는 사람도 있고 바다도 있다

이렇게 써놓고 보니
공연한 오해를 살까도 싶어서

동해에 가면 사람보다 바다가 먼저 달려오고
서해에 가면 바다보다 사람이 먼저 달려오고
남해에 가면 사람과 바다가 함께 손잡고 달려온다

이렇게 또 고쳐놓고 보니
누구의 시풍을 점점 닮아가는 게 아닌가

동해에서는 바다가 사람에게 말을 걸어오고
서해에서는 사람이 바다에게 말을 건네고
남해에서는 사람과 바다가 맞장구 치며 말을 섞는다

이쯤 되면,
좀 더 노골적인 이생진풍으로

남해에서는 바다가 시를 쓰고 시인은 시를 듣는다*

* 이생진 시인의 「그리운 바다 성산포 3」의 일부를 변주함

적

작가수첩 받아 사람을 찾는데,
아는 이름 몇, 적에서 사라졌다

언젠가는 곳곳에 만들어 놓은 내 적이
총성 하나 없이 나를 제거할 것이다

그러게,
살면서 적을 만드는 게 아니었다

난세의 눈

눈 온다
할 말이 참 많으신가보다

눈 온다
참, 할 말이 없으신가보다

_ 발문

'오체투지의 시'를 위하여
— 시로 쓴 시론

복효근(시인)

오인태 시인의 시가 짧아졌다. 이전에 발표한 시편들 가운데서도 짧은 시가 없지 않았으나 이번에 묶을 시편들은 눈에 띄게 짧아졌다. 1행, 그것도 2어절 3자로 된 시가 있는가 하면 2행, 3행 짜리 시가 있다. 그리고 10행 내외의 시편들이 대부분이다.

그의 시가 짧아졌다는 건 단순히 몸피만 줄어들었다는 의미가 아니다. 그것은 우리 시가 무턱대고 산문화 되고 있으며, 운문의 형태를 지녔으나 시적 긴장이라곤 찾아보기 힘든, 함량미달의 시들이 넘쳐나는 실태에 대한 지적이

자 시인으로서 자기갱신의 노력이나 다름없을 터이다.

여기에는 시적 논리성을 견지하면서도 시다운 시가 갖고 있어야 할 음악성과 회화성, 그리고 서정성을 되찾기 위해서는 정련되고 압축된 형식이 필요하다는 인식이 자리 잡고 있다. 이러한 인식을 공유하여 짧은 시 동인 〈채송화〉가 결성되었으며 오인태 시인과 함께 나도 창립 멤버로서 뜻을 같이 하게 되었다. 그리하여 요즘에 그의 고뇌와 시적 탐색경로를 비교적 가까이서 지켜보게 된 인연이 이 글을 쓰게 된 결정적인 빌미가 된 것이다.

내 경험에 비춰보면, 시를 길게 쓰는 것보다 짧게 쓰는 일이 더 어렵다. 무조건 짧다고 시적 긴장이 담보되는 것도 아니고 더구나 짧은 몇 마디로 운율과 이미지를 동시에 살려낸다는 게 말처럼 쉬운 일이 아니다. 자칫 잘못하여 아직 날것인 채로의 시적 모티프를 생경하게 던져놓거나 잠언이나 격언, 한 조각 아포리즘, 혹은 고승들이나 주고받음직한 선문답을 시라고 내 놓는 꼴이라면 오히려 성의 부족이거나 시인으로서 기본적으로 가져야 할 형상화 능력이 부재한 것으로 의심받을 수도 있다.

짧은 시에 대한 적극적인 시도, 좀 더 정확하게 말하면 압축되고 정련된 언어형식으로 시를 써야 한다는 그의 관심과 다짐은 매우 시의적절한 것으로 여겨진다. 우리 시단에 느슨한 시 작품이 유행처럼 만연하고 있는 데에 대한 반성으로부터 시작하긴 했지만, 무엇보다 스스로의 시작 태도에 대한 반성이 큰 계기가 된 것으로 보이는 탓이다. (그 점에서는 내 사정과 크게 다르지 않다. 그러나 솔직하게 이번 출간할 오인태 시인의 시편들을 보건대, 내 반성과 시적 실천은 본격적이거나 적극적이지 못했으며 그에 훨씬 미치지 못했음을 고백해야 하겠다.)

그는 이번 시집의 시편들에서 시인으로의 자기정체성을 다잡고 시세계의 지향점을 확고히 하려는 데에 많은 노력을 바치고 있다. 또한 시와 시인의 본디 모습에 대한 탐구에 치중하고 있다. 시로써 시를 탐구하는 이른바 '메타시(meta-詩)'라고 그 성격을 규정할 만한 시편들을 쉽사리 만나게 된다는 뜻이다.

> 이 봄날에는, 시인이여
> 눈깔에 힘 빼고, 위로만 두리번거리지 말고
> 저 여리고 낮은 것들과 엎어져
> 데굴데굴 구르다가
> 팔다리 다 닳아 어디 운 좋게 쇠똥,
> 말똥에라도 처박히거든
> 잠시 눈을 말똥거리다가 거기,
> 오체투지로 시를 쓰시는
> 말똥구리 한 분 만날 수 있다면

그 눈부신 몸빛에 눈마저
멀어 마침내 환한 길 하나 열리거든
—「오체투지의 시」 전문

불교에서는 보살을 산스크리트어로 '보디사트바'라고 하는데 위로는 부처의 진리를 구하되 아래로는 중생을 구제(상구보리 하화중생上求菩提 下化衆生)하는 사람을 뜻한다. 이를 달리 말하면 중생들을 구제하는 행위가 부처의 말씀을 따르는 것과 다르지 않다는 뜻이다. 부처가 말씀하신 진리(법)가 세속과 절연되어 있지 않음을 뜻하기도 한다. 나아가서 보살은 고통 받는 중생과 함께 한다. 이 시는 마치 원효가 저잣거리에서 거지와 가난뱅이들과 함께 춤추고 노래하고 같이 빌어먹고 같이 노동하는 가운데 그들을 고통으로부터 벗어나게 하려고 했듯이, 시인이 시를 쓰는 것도 이와 크게 다르지 않다는 인식이 깔려있는 시다.

시인은 "눈깔에 힘 빼고, 위로만 두리번거리지 말고/ 저 여리고 낮은 것들과 엎어져/ 데굴데굴 구르기"를 주문한다. 모두들 신분상승을 도모하고 저 위를 향하여 부를 축적하느라 피 흘리며 매달리는 세상에서 시인이 처할 곳은 언제나 "저 여리고 낮은 것들", 고통 받고 소외 받는 약자들과 함께하는 자리라는 것이다. 윤동주가 "모든 죽어가는 것을 사랑해야지"라고 했을 때 "죽어가는 것들"의 그 자리

와 크게 다르지 않다. 자세히 보라. 말똥구리는 쇠똥 말똥 속에서 살아가면서도 그 몸 빛깔은 찬연한 광채를 지녔다. 진흙 속에서 피어난 연꽃이 그러하듯. 시인은 불보살이 오체투지하듯 말똥 속에서 구르는 말똥구리에게서 시의 "환한 길"을 찾는다.

그런 그가 문단권력에 등을 기대거나 시인입네 하며 눈에, 어깨에 힘주는 모습은 상상하기 어렵다. 잘 나간다는 문예지를 중심으로 패거리를 만들고 희희낙락하며 온갖 비린내를 풍기는 주류문단에 그는 침을 뱉는다.

> 완강한 주류에 밀려 가장자리쯤에서 유유히 흐르는 물줄기가 물가의 풀들을 키우고 작은 물고기들을 품어 기르는 법이니, 죽을 때까지 내가 비주류 시인인들 불만 없다
>
> 퉤!

―「비주류의 시」 전문

이 시에서 보듯 그는 비주류이기를 자처한다. 썩은, 그래서 생명의 온기를 품지 못하는 주류를 일갈하며 동시에 그가 이 시대의 시인으로서 무엇을 지향하는 지를 밝히고 있다. "가장자리쯤에서 유유히 흐르는 물줄기가 물가의 풀들을 키우고 작은 물고기들을 품어 기르는" 비주류의 자세

는 앞서 「오체투지의 시」에서 보인 자세와 다르지 않다.

오인태 시인이 오랜 세월 변함없이 견지하고 있는 문학적 태도 가운데 하나는 '민중적'이라는 점이다. 오늘날 우리가 낡은 유제라고 돌아보지 않으려는 80년대적 문학관을 그는 여전히 건강하게 그의 시 속에 간직하고 있다. '민중적'이라는 용어 선택이 적절한지는 모르겠으나 적어도 부당함에 맞서는 몸짓과 "여리고 낮은 것"에 대한 애정과 시 속에서 드러나는 올곧은 역사의식 면에서 이 사실은 분명하다.

시인은 꽃핀 5월의 이팝나무를 본다. 그 하얀 이밥 같은 꽃을 보며 80년 5월 영문도 모른 채 죽어간 영혼들에게 지어 바치는 한 그릇 제삿밥을 떠올린다. "어디서 영문도 모르게 죽어 제삿밥 한 그릇도 못 얻어 드실, 이 땅 귀신 제위께 모락모락 하얀 이밥을 지어 바치시는, 저 극진한 // 시, 딱 한 편만 써서 태워 올리고 죽었으면"(「이팝나무, 꽃 같은」) 한다. 그의 시세계의 일단이 이렇게 올곧은 역사관과 민중적 상상력에 기초하고 있음을 알 수 있다.

그런 그가 건국 60주년을 맞던 해 설악산 백담사까지 팔월의 천리 길을 달려가서 목도한 만해축전 현장의 풍경 앞에서 한탄에 겨워 내뱉던 한숨도 같은 맥락에서 이해할 수 있다. 시인이 보기에 그곳은 이미 "친일신문과 친일문학단체가 접수해버"렸다. 명분도 정체성도 도무지 알 수 없는

뒤죽박죽의 축전, 거기서 시인은 "1919년의 만해가/ 일갈을 꾹 다문 채,/ 거처 만해마을을 나서시는 것을/ 청동두루마기를 걸치고 청동고무신을 신은 채 사라지는"(「만해, 만해마을 떠나시다」) 모습을 보고야 만다.

그런 시인이기에 2008년 전국을 달구었던 촛불집회를 간과하고 넘어갈 리 없다. 불의를 향해 총 대신 촛불을 들었던 그 역사적 현장에서 그는 80년 5월을 넘어서는 평화와 진보를 갈망하는 희망을 보았다. 멀리 캐나다에서 '토론토아줌마'는 이국에서 갖은 고생을 하며 번 돈 미화 10,000달러를 촛불에 보태라고 보낸다. 그런가 하면, 80년 광주 시민들이 시민군에게 주먹밥을 지어 날랐듯이 2008년 촛불집회에서도 시민들은 자발적으로 촛불들에게 커피와 라면을 대접하였다. 시인은 이러한 「삼양라면 짓는 촛불예수」에게서 진정한 사랑의 실천을 본다. 그리고 또 여기서 낱낱이 개체이면서도 하나의 유기체, 단일한 생명체로 움직이는 민중들을 확인하게 된다. 이 민중들은 '한 마리' 새떼, 마치 가창오리 떼나, 되새 떼와 같이 강고하고도 단일한 대오를 형성했을 때 위력을 발휘하여 마침내 역사의 진보를 담보한다는 사실을 깨우쳐준다. 그건 바로 그의 시의 지향점이기도 하다. "한 마리"(「새 떼」)라는 다소 실험적인 3음절의 시가 여기서 비롯된 것이리라. 그리하여 시인은 "수백 수천의 쓰린 속을 어루만지시는/ 저 모락모락 더운 시// 체온 없는, 김빠진 시들도 다 아웃!"(「삼양라면 짓는 예수」)이라고 외친다. 연대와 사랑과 인간미의 시학을 천명하는 순간이다.

시인은 사랑과 시는 "이음동의어"라고 한다. "시를 쓸 때만 시인이다/ 사랑할 줄 아는 사람만 시를 쓴다// 그리하여 나는 오늘도 사랑을 하고/ 그리하여 나는 오늘도 시를 쓴다"(「이음동의어」)고 말한다. 그의 시는 사랑의 시다. 따라서 그의 시는 뜨겁고 절망에서 스스로를 일으키며 이웃을 일으킨다. 바라보는 사랑이 아니라 몸으로 불사르는 사랑이다. "안간힘으로 제 몸 활활 태워/ 세상, 끝내 살게 하는// 무릇, 꽃은 이래야 한다는/ 무릇, 시는 이래야 한다는"(「꽃무릇」)자세로 시인은 시를 쓴다. 꽃무릇은 잎사귀가 다 시들어버리고 이제 다 끝났구나 싶은 순간에 꽃대를 솟구쳐 붉게 타는 듯이 피어난다. 시인은 또한 "너는, 언제/ 네 몸의 피 한 방울이라도 짜내 시를 쓴 적이 있느냐고"(「고등어의 시어」) 스스로에게 준열한 물음을 던지기도 한다.

그가 이 땅의 곧은 교육을 위해 해직도 감수하고 길거리 교사가 되어 한 시절 교육민주화운동에 몸을 바친 것도 우연이 아니다. 온몸으로 시대를 관통해오면서 살아온 자의 목소리가 바로 그의 시다. 그는 누에가 "제 몸을 올올이 풀어 쓴" 시가 누에고치라고 한다. 그래서 "누에만한 시인

있으면 나와 봐라"고 한다. "누에고치만 한 시집 있으면 내놔 봐라"고 말하는 것이다.(「위대한 시집」) 그는 뜨거운 인간애가 결여된 시, 행동과 실천이 따르지 않는 머리로만 쓴 시를 거부한다.

그런 그가 이제 뒤를 돌아보고 있다. 지천명의 가파른 내리막길에서 힘겹게 올라왔던 세월을 돌아다본다. 바야흐로 가을이다.

여기까지다

더 이상 가눌 수 없어
마침내 발밑에 모든 잎들을 떨궈놓고
가을날이 얼마나 뒤숭숭했으랴

날려갔든지
물어갔든지
부서졌든지

젖 떼인 아이같이 칭얼대던 잎들이
눈앞에 보이지 않을 무렵

제 몸에 회초리 자국을

죽죽 긋는

―「나무의 결단」 전문

 단호하게. 시인은 "여기까지다"라고 선언한다. 최선을 다하여 잎을 피워왔고 꽃을 피워왔다. 한껏 가지를 뻗어 그늘을 넓혀왔고 하늘을 향하여 기도의 자세로 버텨왔다. 그러나 이제 욕망의 잎사귀들을 떨궈낼 때가 되었다. 그늘을 다시 거두어들일 때가 되었다. 영화로운 잎과 꽃의 시간을 과거로 던져 보낼 때, "젖 떼인 아이를" 돌려 세우는 일처럼 얼마나 뒤숭숭하고 허전하고 허탈할까? 가을이 되어 나무는 이제 아늑한 추억 속에 묻히거나 그 동안의 힘겨운 삶에 자족하고 스스로의 여정에 포만감을 느끼며 휴식을 청할 법도 하다. 그러나 나무는 찬바람에 스스로를 내맡기고 다시 성찰의 회초리를 든다. "제 몸에 회초리 자국을/ 죽죽 긋는" 것이다.

 이처럼 시인은 자기연민에 빠지지 않고 극한으로 자신을 몰아가서 영혼의 군살을 허락하지 않는 가열찬 자기검열과 성찰을 하고 있다. 가을 나무는 그런 다짐을 표현하는 객관적 상관물이리라.

 자기 자신에게는 물론 세상의 부조리에 타협하지 않는 시인의 준열한 지사적 자세가 다소 건조무미하다고 느껴지기도 하나 늘 그런 것만은 아니다. 그의 또 다른 서정성

짙은 시편은 더없는 따뜻함과 섬세함으로 변주되어 심금을 울려주곤 한다.

    손에 든 꽃이 무색해라

    일 마치고 돌아오는
    사람을 맞는

    저기
    꽃보다 환한

    불빛
                                              ―「집」 전문

  역시 짧은 몇 줄로 된 시이다. 그러나 이 작품이 지니는 서정성과 그 따뜻함은 한없이 깊고 두텁다. 오인태 시인 특유의 인간에 대한, 인간사회에 대한 믿음과 애정이 잘 나타나 있다. 밤늦어 귀가하는 사람을 위하여 환하게 불 밝혀둔 집, 그 환한 불빛은 지상의 그 어떤 꽃보다 아름답다. 그 불빛 아래서 돌아올 사람을 걱정하며 기다리는 식구가 있다는 것 또한 얼마나 큰 위안이랴. 그게 사랑이다. 일 마치고 온 고단한 몸을 녹이고 다시 일하러 나가게 하는 힘이

거기서 나온다. 그 환한 불빛의 역사가 인간의 역사다. 그러니 인간사회가, 인간의 역사가 어찌 꽃보다 환하지 않고 꽃보다 아름답지 아니하랴.

그의 눈이 한층 깊어졌다. 사물과 현상의 표면에 머무르지 않고 그 깊이를 보아내는 시적 안목이 사뭇 놀랍도록 웅숭깊다. 젊은 날 혈기왕성했던 그의 시가 올곧음을 추구하고 딸깍발이 같은 염결성에 바쳐졌다면 지천명에 이른 그의 시는 사물과 현상의 배후를 밝히고 그 본질을 그려내는 데 익숙하다. 그리고 사물과 현상의 편린을 보는 데서 나아가 부분과 전체, 그리고 그 유기적 관계성을 보아내는 데 이른다. "꽃을 볼 것이 아니라/ 꽃을 떠받치는 꽃기둥,/ 마침내 꽃의 심지를 보시라/ 그 차고 푸른,// 모든 불꽃의 중심도 그러하다"고 시인은 말한다.(「중심의 색깔」) 이제 시인은 꽃의 중심을 본 것이다. 그 뜨거움의 배후엔 차갑고 푸른 중심이있다. 중심을, 본질을 포착하는 그의 만만찮은 시력이 한없이 부러운 대목이다.

산 개미가 죽은 풀무치를 끙끙, 끌고 가는 것인데,
 실은, 죽은 풀무치가 산 개미의 삶을 영차! 영차! 싣고 가는 것인데

―「정경」 전문

그의 깊은 시안이 여기서도 잘 드러난다. 포식자인 개미가 피식자인 풀무치를 끌고 간다고 생각하기 쉬운데 시인은 그렇게 기술하지 않는다. 죽은 풀무치가 산 개미의 삶을 끌고 간다고 표현한다. 죽은 풀무치 없이 어떻게 개미의 삶이 영위되겠는가? 삶과 죽음을 크게 한 테두리 안에서 이해하는 그의 안목이 이 짧은 시 속에 잘 드러나 있다. 사물과 현상의 총체성을 포착하는 그의 실다운 통찰력이 유감없이 발휘되고 있다. 매우 정련되고 압축된 형식 안에 깊고 넓고 큰 시 세계가 어색함 없이, 그리고 또한 긴장미를 잃지 않은 채 자리 잡고 있다.

이 시집에 실린 오인태의 시들은 그가 지향하는 시의 형식과 세계를 요약하고 정리해놓은 '오인태의 시론'이다. 비워내고 버리고 깎아내고 죽여서 쓴 시다. 군더더기 하나 남지 않도록 버리고 다듬고 깎아내고 마지막 남은 언어다. 주로 짧은 시를 중심으로 오인태의 시세계를 일별하였으나 10행을 넘어서는 다소 긴 작품도 없지 않다. 그가 추구하는 시가 10행 내외의 짧은 형식에 국한되지 않는다는 뜻이다. 따라서 이번 시집에서 보이는 짧은 시는 실험적이거나 과도기적인 시도로 읽혀진다. 아무튼 시적 긴장을 회복하고 압축된 형식미를 추구한다는 점에서 매우 성공적으로 보인다.

이러한 정련된 시 형식 속에 정금처럼 빛나는 시세계를

담고자 하는 그의 자세를 엿보는 것으로 소략한 감상문을 마치고자 한다. 그 자신이 "건방진 시론"이라 이름하였으나 이 건강한 건방짐이 오래 갔으면 하는 바람이다.

    채 다스려지지 않은 내 안의 말들이 나도 모르게 뛰쳐나와 마치 시인 양 어깨를 세우고 건방을 떤다면, 그런 시는 찢어 죽여 마땅하다 죽여 가슴에 묻은 시보다 세상에 살려 보낸 시가 많다면,

    나는 시인이 아니다

―「건방진 시론」 전문